La vida es corta, cómete el postre primero

INTRODUCCIÓN

Esta idea nació a raíz de un correo electrónico de una de mis clientas (gracias Nidza), que decía algo así:

'Bueno, normalmente preparo mis comidas para que me rindan como máximo cuatro porciones o días. Tengo planeado comer una bomba de grasa todos los días.

Eso son 365 días divididos entre una receta que rinde por lo menos para una semana, ¿entonces estamos hablando de 52 recetas?

Eso sería ideal. ¿Habrá 52 recetas de bombas de grasa en alguna parte?

En mi mente, la perfección sería un libro con recetas para cada estación del año, en el cual las recetas estarían divididas entre las cuatro estaciones.

Esto permitiría que también hubieran recetas no solo dulces, sino saladas, que utilizarían los productos que se tengan disponibles y mucha grasa. ¿Qué te parece esta idea alocada?'

Y con esta "idea alocada" en mente, procedí a crear una amplia gama de bombas de grasa para cada estación. Aquí encontrarás una buena mezcla de dulce y salado, junto con algunas bombas de grasa muy especiales con temas festivos.

Quizás este libro haya sido el más desafiante y creativo hasta la fecha. Así que espero que disfrutes de estas bombas de grasa y que estas te ayuden a mantenerte cetogénica mientras agregan un poco de variedad y deleite a tu dieta.

Como con la mayoría de las cosas... todo con moderación. Sí, son cetogénicas; sin embargo, no te puedo recomendar que consumas todas tus calorías diarias a partir de ellas. Úsalas para darte un gusto, tal vez uno al día como sugirió Nidza.

Elizabeth Jane

Introducción

Notas Finales

También Te Podría Gustar...

7
PRIMAVERA
Valentinas Rojas **8**
Bombas de Coco y Chocolate **9**
Explosión de Mantequilla de Maní **10**
Cráteres de Queso Crema **11**
Bocaditos Salados de Salmón **12**
Dulce de Leche de Chocolate y Coco **13**
Vasos de Matcha y Chocolate Oscuro **14**
Tarta de Limón **15**
Delicioso Dulce de Leche de San Patricio **16**
Bocaditos de Hinojo y Almendras **17**
Bombas de Chocolate Blanco **18**
Bolas Cremosas de Aguacate y Tocino **19**
Macarrones **20**

21
VERANO
Bombas Picantes de Coco **22**
Bombas de Grasa de Mascarpone y Moca **23**
Trufas Tropicales **24**
Bolitas con Sabor a Pepperoni **25**
Cebollín y Queso **26**
Bombas de Grasa con Gelatina **27**
Bolas de Nuez con Queso y Frutos Rojos **28**
Mini Tartas de Queso con Fresas **29**
Bombas de Grasa de Helado **30**
Bombas de Mora Azul **31**
Bombas Picantes de Limón **32**
Diminutas Explosiones Picantes **33**
Bombas de Grasa de Queso con Ajo **34**

35
OTOÑO

Delicias de Almendra **36**
Conos Salados de Caramelo **37**
Mini Rollos de Canela **38**
Bocaditos de Chai **39**
Barras de Maple y Nuez Pecana **40**
Bombas de Grasa de Tarta de Calabaza **41**
Explosiones de Chocolate y Mantequilla de Maní **42**
Bombas de Tocino Cubiertas de Cacao **43**
Turrones de Nueces **44**
Queso Fresco Frito **45**
Ruedas de Manzana **46**
Nubes de Queso Crema **47**
Bombas de Grasa de Calabaza Picante **48**

49
INVIERNO

Bombas de Tocino para el Desayuno **50**
Dulce de Leche Cremoso de Coco **51**
Turrones de Nuez Moscada **52**
Brownies de Cacao **53**
Bolitas de Naranja **54**
Mini Felicidad de Menta **55**
Magdalena de Queso Cheddar **56**
Bombas Rellenas de Semillas **57**
Bombas con Nuez y Jengibre **58**
Vasos con Natilla **59**
Trufas con Nueces y Chocolate Blanco **60**
Tibias y Esponjosas Bombas de Grasa **61**
Bolas de Tocino con Centro de Queso **62**
También Te Podría Gustar **63**

NOTAS FINALES
Ajuste y personalización de las recetas.

Estas recetas fueron creadas para que:

1. Sean fáciles de preparar
2. Sean deliciosas
3. Usen ingredientes fáciles de encontrar

Sin embargo, es posible que estas recetas no le sirvan a todos, todo mundo tiene gustos diferentes, algunos tienen alergias y no todos podrán conseguir todos los ingredientes. Considera estas recetas como una guía que luego puedes personalizar de acuerdo con tus gustos o según lo que tengas en tu casa.

- ¿Te encanta el coco? Haz la prueba de usar harina de coco en lugar de almendra.
- ¿No tienes sal rosa en tu casa? Simplemente usa un poco de sal de mesa normal.
- ¿No te gustan las fresas? Prueba con moras azules.

Incluí algunas sugerencias como alternativas, pero no pude enumerarlas todas.

Solamente tu sabes cuáles son tus preferencias, así que diviértete y juega con diferentes ingredientes y recetas.

ALMACENAJE

La mayoría de las recetas se almacenan en el refrigerador o en el congelador. Almacénalas en un recipiente hermético (especialmente si las guardas en el refrigerador). Si las vas a almacenar en el congelador, te recomiendo consumirlas dentro de las 2 semanas siguientes, y si prefieres hacerlo en el refrigerador, dentro de los 5-7 días siguientes. Esto puede variar de acuerdo con la receta, por eso incluí recomendaciones específicas para las recetas que si requieren condiciones diferentes de almacenamiento.

Por último, si tuvieras la amabilidad de dejar una evaluación honesta, te estaría muy agradecida. Por favor, visita el siguiente enlace.

http://ketojane.com/bomb

¡Una vez más, gracias por comprarlo y buena suerte!

Elizabeth Jane

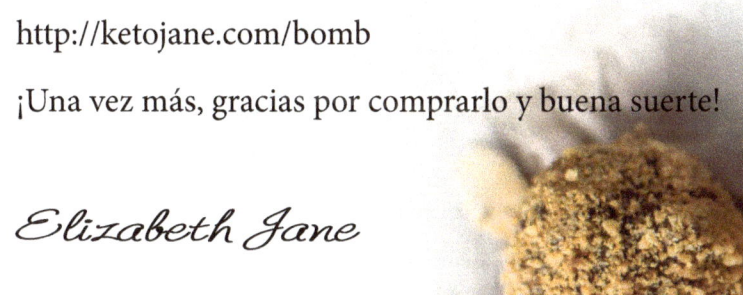

También Te Podría Gustar

Por favor, visita el siguiente enlace para que veas otros libros de la autora.

http://ketojane.com/ceto

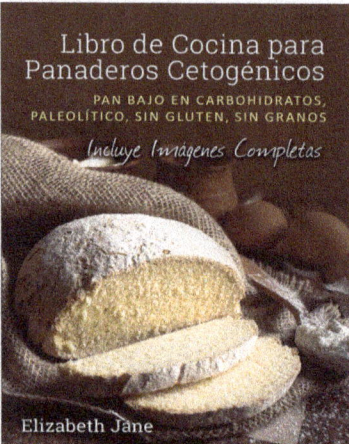

PRIMAVERA

Valentinas Rojas
Bombas de Chocolate y Coco
Explosión de Mantequilla de Maní
Cráteres de Queso Crema
Bocaditos Salados de Salmón
Dulce de Leche de Chocolate y Coco
Vasos de Matcha y Chocolate Oscuro
Tarta De Limón
Delicioso Dulce de Leche de San Patricio
Bocaditos de Hinojo y Almendras
Bombas de Chocolate Blanco
Bolas Cremosas de Aguacate y Tocino
Macarrones

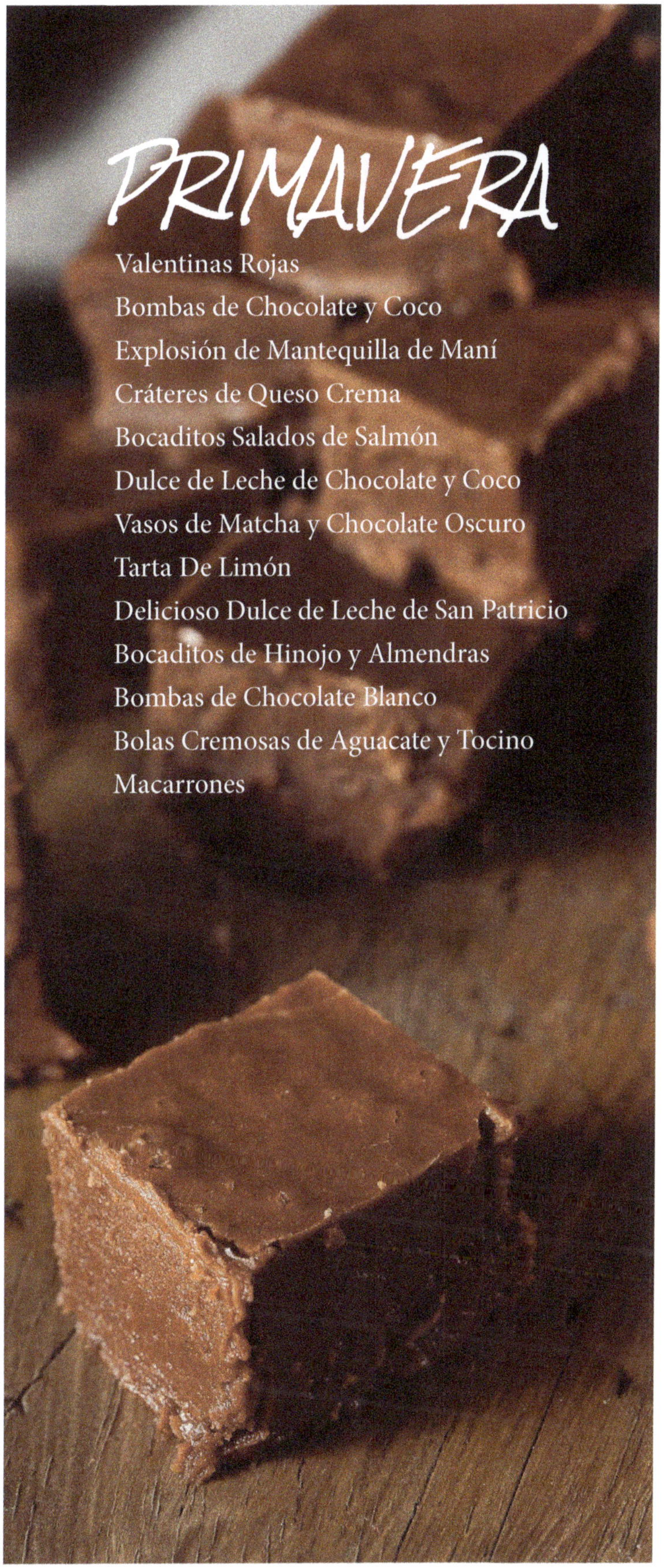

VALENTINAS ROJAS

Porciones : 12
Tiempo de preparación : 5 minutos
Tiempo de cocción : Ninguno
Tiempo de congelación : 2 Horas

CONSEJO ADICIONAL
Si no tienes manga pastelera o no sabes cómo usarla, simplemente consigue una bandeja flexible para hacer hielos. Vacía la mezcla en los compartimentos de hielo y congela. Así puedes lograr obtener formas lindas para que sean más divertidas

INGREDIENTES:

- 60 ml de leche mitad y mitad
- 4 fresas picadas
- 4 cerezas deshuesadas
- 4 cucharadas de aceite de coco
- 4 cucharadas de mantequilla de vacas alimentadas con pasto
- Estevia al gusto

INSTRUCCIONES:

1. Agrega las fresas picadas y las cerezas a un procesador de alimentos de alta velocidad. Pulsa hasta que se vuelvan puré.
2. Agrega la leche mitad y mitad y la estevia. Mezcla hasta que todo se integre bien.
3. Derrite la mantequilla a baño maría o en el microondas y agrega a la mezcla. También agrega el aceite de coco y mezcla bien.
4. Agrega la mezcla a una manga pastelera. Vierte una porción en una bandeja para hornear y congélelas unas cuantas horas.
5. Mantenlas guardadas el congelador y disfrútalas conforme vaya siendo necesario.

INFORMACIÓN NUTRICIONAL (POR PORCIÓN)

Calorías: 78   Grasas: 9 g   Proteínas: 0 g   Carbohidratos Totales: 1 g   Fibra Dietética: 0 g   Carbohidratos Netos: 0 g

BOMBAS DE COCO Y CHOCOLATE

Porciones : 12
Tiempo de preparación : 20 minutos
Tiempo de cocción : Ninguno
Tiempo de congelación : 1 hora

CONSEJO ADICIONAL
También puedes agregar alrededor de ½ taza de coco rallado para darle algo de textura

INGREDIENTES:

- 1 taza de aceite de coco (sólido)
- ½ taza de cacao oscuro en polvo
- 1 cucharadita de extracto de menta
- ½ cucharadita de extracto de vainilla
- 5 gotas de estevia
- Una pizca de sal

INSTRUCCIONES:

1. Agrega todos los ingredientes a un procesador de alimentos y mezcla hasta que se integren.
2. Usa una cucharita para depositar las cucharadas de la mezcla en el papel pergamino.
3. Refrigera hasta que se solidifiquen y mantengalas refrigeradas.

INFORMACIÓN NUTRICIONAL (POR PORCIÓN)

Calorías: 126   Grasas: 14 g   Proteínas: 0 g   Carbohidratos Totales: 0 g   Fibra Dietética: 0 g   Carbohidratos Netos: 0 g

EXPLOSIÓN DE MANTEQUILLA DE MANÍ

Porciones : 12
Tiempo de preparación : 10 minutos
Tiempo de cocción : Ninguno
Tiempo de refrigeración : 30 minutos

CONSEJO ADICIONAL
También puedes usar mantequilla de almendras o mantequilla de avellanas en lugar de mantequilla de maní.

INGREDIENTES:

- ¼ de taza de mantequilla de maní cremosa sin azúcar
- 2 cucharadas de mantequilla de vacas alimentadas con pasto o de mantequilla clarificada (ghee)
- 1 cucharada de aceite de coco
- 2-3 gotas de estevia
- ½ taza de coco rallado
- sin azúcar
- 1 taza de harina de coco tamizada
- ¼ de cucharadita de sal
- ½ taza de maní triturado

INSTRUCCIONES:

1. Comienza agregando la mantequilla de maní, mantequilla o ghee, aceite de coco y la estevia a una olla a fuego bajo/medio y bate hasta que se todo se derrita.
2. Agrega el coco sin azúcar, la harina de coco y la sal. Revuelve hasta que todo se integre bien.
3. Pasa la mezcla a un tazón y mételo tapado al refrigerador durante 30 minutos.
4. Mientras la mezcla se está enfriando, agrega el maní triturado a un tazón y reserva.
5. Una vez que la mezcla esté fría, forma las bolas y luego cúbrelas con el maní triturado.
6. Guarda lo que sobre bien tapado en el refrigerador.

INFORMACIÓN NUTRICIONAL (POR PORCIÓN)

Calorías: 93   Grasas: 9 g   Proteínas: 2 g   Carbohidratos: 3 g   Carbohidratos Netos: 2 g   Fibra: 1 g

CRATÉRES DE QUESO CREMA

Porciones : 12
Tiempo de preparación : 5 minutos
Tiempo de cocción : Ninguno
Tiempo de congelación : 3 Horas

CONSEJO ADICIONAL
También puedes usar queso mascarpone en lugar de queso crema.

INGREDIENTES:

- ½ taza de queso crema entero
- ½ taza de nueces picadas o de la nuez de tu elección
- ½ taza de chocolate oscuro rallado
- Estevia al gusto

PARA EL RELLENO:

- 4 cucharadas de mantequilla de vacas alimentadas con pasto
- 2 cucharadas de café expreso en polvo
- 2 cucharadas de crema espesa
- Estevia al gusto

INSTRUCCIONES:

1. Suaviza el queso crema y mézclalo con el chocolate oscuro, las nueces picadas y la estevia.
2. Toma 12 mini moldes para magdalenas y cubre los lados con la mezcla para formar un cráter.
3. Mételos al congelador durante aproximadamente 2 horas.
4. Mientras tanto, derrite la mantequilla y mézclala con la crema espesa. Agrega de forma envolvente el resto de los ingredientes del relleno.
5. Saca los cráteres del congelador y llena cada uno con una pequeña cantidad del relleno.
6. Guárdalos en el refrigerador y disfrútalos cuando quieras.

INFORMACIÓN NUTRICIONAL (POR PORCIÓN)

Calorías: 100   Grasas: 10 g   Proteínas: 2 g   Carbohidratos Totales: 2 g   Fibra Dietética: 0 g   Carbohidratos Netos: 2 g

BOCADITOS SALADOS DE SALMÓN

Porciones : 12
Tiempo de preparación: 5 minutos
Tiempo de cocción: Ninguno
Tiempo de congelación: Ninguno

INGREDIENTES:

- 50 g de salmón ahumado en tiras
- 1 taza de queso mascarpone
- ⅔ de taza de mantequilla de vacas alimentadas con pasto (suavizada)
- 1 cucharada de vinagre de sidra de manzana
- 1 cucharada de perejil fresco picado
- Sal al gusto

INSTRUCCIONES:

1. Suaviza el queso con un tenedor y mézclalo con el vinagre, el perejil y la sal.
2. Agrega la mantequilla y las tiras de salmón y mezcla bien.
3. Forma bolitas con la mezcla y acomódalas en el papel pergamino.
4. Refrigera hasta que estén firmes.

CONSEJO ADICIONAL
Prueba usar caballa en lugar del salmón para darle un sabor diferente.

INFORMACIÓN NUTRICIONAL (POR PORCIÓN)

Calorías: 117   Grasas: 13 g   Proteínas: 3 g   Carbohidratos Totales: 1 g   Fibra Dietética: 0 g   Carbohidratos Netos: 1 g

DULCE DE LECHE DE CHOCOLATE Y COCO

Porciones : 12
Tiempo de preparación : 5 minutos
Tiempo de cocción : Ninguno
Tiempo de congelación : Ninguno

CONSEJO ADICIONAL
Añade algunas nueces picadas para darle un sabor a nuez.

INGREDIENTES:

- ⅓ de taza de chispas de chocolate oscuro
- ½ taza de cacao en polvo
- ½ taza de aceite de coco
- ¼ de taza de leche de coco entera
- 1 cucharadita de extracto de vainilla
- Estevia al gusto

INSTRUCCIONES:

1. Derrite el aceite de coco y agrégalo a la licuadora.
2. Agrega el resto de los ingredientes y mezcla hasta que obtengas una consistencia suave y cremosa.
3. Forra un molde para pan con papel pergamino y vierte la mezcla.
4. Déjalo congelar toda la noche.
5. Córtalo en cuadrados pequeños y guárdalo en el refrigerador.

INFORMACIÓN NUTRICIONAL (POR PORCIÓN)

Calorías: 78   Grasas: 8 g   Proteínas: 1 g   Carbohidratos Totales: 4 g   Fibra Dietética: 1 g   Carbohidratos Netos: 3 g

VASOS DE MATCHA Y CHOCOLATE OSCURO

Porciones: 12   Tiempo de preparación: 10 minutos   Tiempo de cocción: Ninguno   Tiempo de congelación: 2 horas

INGREDIENTES:

- 280 gramos de chispas de chocolate oscuro
- ¼ de taza de mantequilla de vacas alimentadas con pasto
- ½ cucharada de té verde matcha en polvo
- 2 cucharaditas de aceite de coco
- Estevia al gusto

INSTRUCCIONES:

1. Derrite las chispas de chocolate a baño maría y agrégalas al aceite de coco.
2. Engrasa o forra un molde para hornear panquecitos y aplica la mezcla de chocolate en los costados de cada cavidad con ayuda de una brocha.
3. Mete el molde al congelador durante aproximadamente una hora.
4. Mientras tanto, suaviza la mantequilla y mézclala con la matcha en polvo y la estevia.
5. Cuando las cortezas de los vasos estén firmes, retíralos del congelador y agrega la mezcla de matcha con una cuchara.
6. Guárdalos en el refrigerador y consúmelos cuando sea necesario.

CONSEJO ADICIONAL
Puedes agregar más polvo de matcha si deseas un sabor más fuerte.

INFORMACIÓN NUTRICIONAL (POR PORCIÓN)

Calorías: 135   Grasas: 14 g   Proteínas: 1 g   Carbohidratos Totales: 3 g   Fibra Dietética: 2 g   Carbohidratos Netos: 1 g

TARTA DE LIMÓN

Porciones : 12
Tiempo de preparación : 5 minutos
Tiempo de cocción : 7 minutos
Tiempo de congelación : 2 Horas

CONSEJO ADICIONAL
Personalmente, me gusta rociarlos con abundante chocolate oscuro derretido en la parte superior. Complementa bien con el limón.

INGREDIENTES:

- 1 taza de harina de almendra
- 3 cucharadas de mantequilla
- 1 cucharada de canela molida
- ½ cucharadita de extracto de vainilla
- Estevia al gusto

PARA EL RELLENO:
- 110 gramos de queso crema entero
- ¼ de taza de aceite de coco
- 3 cucharadas de mantequilla de vacas alimentadas con pasto
- 2 limones
- Estevia al gusto
- Un puñado de espinacas baby (opcional - agrega color)

INSTRUCCIONES:

1. Mezcla los primeros cinco ingredientes para formar una masa quebrada o brisée.
2. Presiona esta mezcla en el fondo de 12 moldes para panquecitos y hornea por 7 minutos a 180°C.
3. Mientras la corteza se está horneando, exprime los limones y obtén ralladura de la cáscara.
4. Agrega todos los ingredientes del relleno a un procesador de alimentos y mezcla hasta que obtengas una consistencia suave.
5. Enfría las cortezas a temperatura ambiente y luego vierte esta mezcla en el centro. Congela hasta que estén firmes.

INFORMACIÓN NUTRICIONAL (POR PORCIÓN)

Calorías: 146   Grasas: 15 g   Proteínas: 3 g   Carbohidratos Totales: 2 g   Fibra Dietética: 1 g   Carbohidratos Netos: 1 g

DELICIOSO DULCE DE LECHE DE SAN PATRICIO

Porciones : 12
Tiempo de preparación : 10 minutos
Tiempo de cocción : Ninguno
Tiempo de congelación : Durante toda la noche

CONSEJO ADICIONAL
1. Usa moldes con forma de trébol para lograr una presentación divertida.
2. Incluye algunas nueces molidas para darle un sabor diferente.

INGREDIENTES:

- 280 gramos de aceite de coco
- 4 cucharadas de cacao en polvo
- 2 cucharadas de estevia granulada
- ½ cucharadita de extracto de menta

INSTRUCCIONES:

1. Mezcla todos los ingredientes e intégralos bien.
2. Vierte la mezcla en moldes o bandejas de hielo y refrigera durante toda la noche.
3. ¡Voilá! Están listas estas bombas de grasa fáciles y deliciosas.

INFORMACIÓN NUTRICIONAL (POR PORCIÓN)

Calorías: 206   Grasas: 24 g   Proteínas: 0 g   Carbohidratos Totales: 0 g   Fibra Dietética: 0 g   Carbohidratos Netos: 0 g

BOCADITOS DE HINOJO
ALMENDRAS

Porciones : 12
Tiempo de preparación : 5 minutos
Tiempo de cocción : Ninguno
Tiempo de congelación : 3 horas

INGREDIENTES:

- ¼ de taza de leche de almendras
- ¼ de taza de aceite de almendras
- ¼ de taza de cacao en polvo
- 1 cucharadita de semillas de hinojo
- 1 cucharadita de extracto de vainilla (opcional)
- Una pizca de sal

INSTRUCCIONES:

1. Mezcla la leche de almendras y el aceite de almendras y bate hasta que esté suave y brillante. Usa una batidora eléctrica para que obtengas resultados más rápidos.
2. Agrega y mezcla el resto de los ingredientes.
3. Vierte la mezcla en una manga pastelera y usa tu creatividad para crear diferentes formas. Asegúrate de usar papel pergamino como base de lo contrario podrían pegarse.
4. Congela por 3 horas y luego mantenlos guardados en el refrigerador.

CONSEJO ADICIONAL
También puedes usar leche de coco y aceite de coco en lugar de almendras.

INFORMACIÓN NUTRICIONAL (POR PORCIÓN)

Calorías: 172   Grasas: 20 g   Proteínas: 1 g   Carbohidratos Totales: 1 g   Fibra Dietética: 1 g   Carbohidratos Netos: 0 g

BOMBAS DE CHOCOLATE BLANCO

Porciones : 12
Tiempo de preparación : 15 minutos
Tiempo de cocción : 5 minutos
Tiempo de congelación : 1 hora

CONSEJO ADICIONAL
¡Prueba diferentes tipos de chocolate para crear una gran variedad de bombas!

INGREDIENTES:

- 110 gramos de manteca de cacao
- 1 ½ tazas de nueces o nueces pecanas picadas
- 6 cucharadas de mantequilla de vacas alimentadas con pasto
- 6 cucharadas de aceite de coco
- ¾ de cucharadita de extracto de vainilla
- ⅛ de cucharadita de sal de mar
- Estevia al gusto

COBERTURA DE CHOCOLATE:

- 7 gramos de manteca de cacao
- 28 gramos de chocolate blanco para hornear, sin azúcar
- ⅛ de cucharadita de extracto de stevia
- ⅛ de cucharadita de extracto de vainilla

INSTRUCCIONES:

1. Derrite la mantequilla, el cacao en polvo y el aceite de coco a baño maría. Mezcla bien.
2. Agrega el resto de los ingredientes (los que no son de la cubierta de chocolate) y mezcla bien.
3. Vierte la mezcla en tus moldes favoritos/molde para magdalenas y métalo(s) en el refrigerador durante la noche.
4. Para preparar la cobertura de chocolate blanco, derrite el chocolate y la mantequilla a baño maría, luego agrega la vainilla y la estevia.
5. Retira la base de los moldes y sumerge en la cobertura de chocolate. Luego déjalas en el refrigerador durante 2-3 horas para que queden firmes.

INFORMACIÓN NUTRICIONAL (POR PORCIÓN)

Calorías: 287 Grasas: 30 g Proteínas: 1 g Carbohidratos Totales: Menos de 1 g Fibra Dietética: 0 g Carbohidratos Netos: Menos de 1 g

BOLAS CREMOSAS DE AGUACATE Y TOCINO

Porciones : 12
Tiempo de preparación : 10 minutos
Tiempo de cocción : 15 minutos
Tiempo de congelación : Ninguno

INGREDIENTES:

- 1 aguacate
- 1 chile
- 1 cebolla
- ½ taza de mantequilla de vacas alimentadas con pasto
- 4 rebanadas de tocino
- 1 cucharada de jugo de limón fresco
- ¼ de cucharadita de sal de mar
- Una pizca de pimienta

INSTRUCCIONES:

1. Pica las cebollas y los chiles (no los uses si prefieres un sabor más suave).
2. Fríe el tocino en su propia grasa hasta que esté crujiente.
3. Corta el aguacate en cubitos.
4. Agrega todos los ingredientes, incluyendo la grasa de tocino (no el tocino en sí), a un procesador de alimentos y mezcla hasta que obtengas una consistencia suave.
5. Pica el tocino e intégralo a la mezcla cremosa.
6. Pon cucharadas de esta mezcla en papel pergamino.
7. Refrigera por 2-3 horas.
8. Sirve cuando esté firme.

CONSEJO ADICIONAL
Si no eres fanático de la comida picante, usa un chile menos picoso o no lo uses.

INFORMACIÓN NUTRICIONAL (POR PORCIÓN)

Calorías: 156   Grasas: 15 g   Proteínas: 3 g   Carbohidratos Totales: 3 g   Fibra Dietética: 1 g   Carbohidratos Netos: 1 g

MACARRONES

Porciones: 12
Tiempo de preparación: 10 minutos
Tiempo de cocción: 15 minutos
Tiempo de congelación: Ninguno

INGREDIENTES:

- ½ taza de coco rallado
- ¼ de taza de harina de almendras
- 1 cucharada de aceite de coco
- 1 cucharadita de extracto de vainilla
- 3 claras de huevo
- Estevia al gusto

INSTRUCCIONES:

1. Tamiza todos los ingredientes secos.
2. Derrite el aceite de coco y luego agrega el extracto de vainilla.
3. Vierte el aceite de coco en la mezcla seca e integra muy bien.
4. Bate las claras de huevo hasta que se formen picos rígidos.
5. Agrega de forma envolvente en la otra mezcla.
6. Pon cucharadas de la mezcla en una bandeja para hornear forrada con papel pergamino.
7. Hornea por 8 minutos a 200°C.
8. Refrigera y ¡disfrútalos!

CONSEJO ADICIONAL
Si tienes problemas para que las claras de huevo formen picos rígidos, usa un tazón frío y mucha paciencia.

INFORMACIÓN NUTRICIONAL (POR PORCIÓN)

Calorías: 46   Grasas: 5 g   Proteínas: 2 g   Carbohidratos Totales: Menos de 1 g   Fibra Dietética: 0 g
Carbohidratos Netos: Menos de 1 g

VERANO

Bombas Picantes de Coco

Bombas de Grasa de Mascarpone y Moca

Trufas Tropicales

Bolitas con Sabor a Pizza de Pepperoni

Cebollín y Queso

Bombas de Grasa con Gelatina

Bolas de Nuez con Queso y Frutos Rojos

Mini Tartas de Queso con Fresas

Bombas de Grasa de Helado

Bombas de Mora Azul

Bombas Picantes de Limón

Diminutas Explosiones Picantes

Bombas de Grasa de Queso con Ajo

BOMBAS PICANTES DE COCO

Porciones : 12
Tiempo de preparación : 5 minutos
Tiempo de cocción : Ninguno
Tiempo de congelación : 3 Horas

CONSEJO ADICIONAL

Si el queso crema se separa durante el mezclado (esto puede ocurrir debido a la acidez de los limones), no te preocupes. De todos modos tus bombas de grasa te quedarán increíbles.

INGREDIENTES:

- 55 gramos de queso crema entero
- 14 gramos de coco rallado
- ¼ de taza de mantequilla de vacas alimentadas con pasto
- ½ taza de aceite de coco
- 2 cucharadas de crema de coco
- 2 cucharaditas de extracto de vainilla
- 2 limones
- Estevia al gusto

INSTRUCCIONES:

1. Exprime los limones y ralla la cáscara para obtener la ralladura de limón.
2. Derrite la mantequilla junto con el aceite de coco.
3. Retira del fuego y mezcla con la crema de coco y el queso crema. Mezcla bien.
4. Agrega el resto de los ingredientes (excepto el coco rallado) y mezcla bien.
5. Forma las bolitas y ruédalas en el coco rallado para que queden bien cubiertas.
6. Colócalas en moldes o en molde para magdalenas y congela.

INFORMACIÓN NUTRICIONAL (POR PORCIÓN)

Calorías: 122   Grasas: 14 g   Proteínas: 1 g   Carbohidratos Totales: 1 g   Fibra Dietética: 0 g   Carbohidratos Netos: 1 g

BOMBAS DE GRASA DE MASCARPONE Y MOCA

Porciones : 12
Tiempo de preparación : 10 minutos
Tiempo de cocción : Ninguno
Tiempo de congelación : 3 Horas

CONSEJO ADICIONAL
También puedes mezclarlo manualmente, pero te tomará mucho más tiempo.

INGREDIENTES:

- ½ taza de queso mascarpone
- 3 cucharadas de estevia granulada
- 2 cucharadas de mantequilla de vacas alimentadas con pasto
- 1 cucharada de aceite de coco
- 1 ½ cucharadas de cacao en polvo, divididas
- ½ cucharadita de ron (opcional)
- ¼ cucharadita de café instantáneo
- Más estevia al gusto

INSTRUCCIONES:

1. Agrega todos los ingredientes (reserva ½ cucharada de cacao en polvo) a una licuadora y pulsa hasta que la consistencia sea suave y cremosa.
2. Vierte la mezcla en moldes de silicón y espolvorea el cacao en polvo restante en la parte superior.
3. Congela y disfruta.

INFORMACIÓN NUTRICIONAL (POR PORCIÓN)

Calorías: 77   Grasas: 8 g   Proteínas: 1 g   Carbohidratos Totales: 1 g   Fibra Dietética: 0 g   Carbohidratos Netos: 1 g

TRUFAS TROPICALES

Porciones : 12
Tiempo de preparación : 45 minutos
Tiempo de cocción : Ninguno
Tiempo de congelación : 2 Horas

CONSEJO ADICIONAL
También puedes cubrirlas con cacao en polvo en lugar de nueces picadas.

INGREDIENTES:

- ⅔ de taza de proteína en polvo (cualquier sabor)
- ¼ de taza de leche de coco
- ¼ de taza de chispas de chocolate blanco
- 4 cucharadas de coco rallado
- 4 cucharadas de aceite de coco

PARA LA COBERTURA:

- ⅔ de taza de mantequilla de coco
- 3 cucharadas de nueces picadas
- 1 cucharadita de aceite de coco

INSTRUCCIONES:

1. Mezcla los ingredientes que no sean para la cobertura hasta que estén bien integrados y vierte la mezcla en unos moldes. Congela hasta que la base esté firme. Generalmente, esto requerirá una hora.
2. Mientras tanto, derrite la mantequilla de coco y el aceite de coco.
3. Sumerge cada trufa congelada en la mezcla y espolvoréale nueces picadas.
4. Regrésalas al congelador por otra media hora más (o guárdalas en el refrigerador) y ¡disfrútalas!

INFORMACIÓN NUTRICIONAL (POR PORCIÓN)

Calorías: 249   Grasas: 26 g   Proteínas: 5 g   Carbohidratos Totales: 2 g   Fibra Dietética: 1 g   Carbohidratos Netos: 1 g

BOLITAS CON SABOR A PEPPERONI

Porciones	: 12
Tiempo de preparación	: 20 minutos
Tiempo de cocción	: Ninguno
Tiempo de congelación	: Ninguno

INGREDIENTES:

- 14 rebanadas de pepperoni de res
- 8 champiñones
- 8 aceitunas deshuesadas
- 110 gramos de queso mascarpone
- 2 cucharadas de pesto
- 2 cucharas de albahaca fresca picada
- Sal y pimienta al gusto

INSTRUCCIONES:

1. Rebana el pepperoni, las aceitunas y los champiñones en trozos pequeños.
2. Saltea los champiñones en una sartén durante 2-3 minutos, hasta que estén dorados. Luego déjalos enfriar.
3. Mezcla el queso, el pesto, la sal y la pimienta en un tazón.
4. Agrega las aceitunas, champiñones, pepperoni y albahaca. Mezcla bien.
5. Forma bolitas y sírvelas. No es necesario congelarlas o cocinarlas.

CONSEJO ADICIONAL
Sé creativo y agrega tantos ingredientes como desees.

INFORMACIÓN NUTRICIONAL (POR PORCIÓN)

Calorías: 110   Grasas: 11 g   Proteínas: 2 g   Carbohidratos Totales: 2 g   Fibra Dietética: 0 g   Carbohidratos Netos: 2 g

CEBOLLÍN Y QUESO

Porciones : 12
Tiempo de preparación : 5 minutos
Tiempo de cocción : Ninguno
Tiempo de congelación : Ninguno

CONSEJO ADICIONAL
Pon esta mezcla arriba de unos tomates cherry para crear una entrada genial

INGREDIENTES:

- 70 gramos de queso crema entero
- ¼ de taza de cebollín fresco
- Sal al gusto
- Harina de almendra

INSTRUCCIONES:

1. Pica finamente el cebollín.
2. Suaviza el queso crema y mézclalo con el cebollín y la sal. Agrega harina de almendras para ajustar la consistencia.
3. Forma bolitas y déjalas enfriar durante unos 30 minutos en el refrigerador.

INFORMACIÓN NUTRICIONAL (POR PORCIÓN)

Calorías: 38   Grasas: 3 g   Proteínas: 7 g   Carbohidratos Totales: Menos de 1 g   Fibra Dietética: 0 g
Carbohidratos Netos: Menos de 1 g

BOMBAS DE GRASA CON GELATINA

Porciones : 12
Tiempo de preparación : 10 minutos
Tiempo de cocción : Ninguno
Tiempo de congelación : 2 horas

INGREDIENTES:

- 220 gramos de queso crema entero
- 1 paquete de gelatina (de cualquier sabor y sin azúcar)
- 1 cucharadita de jugo de limón

INSTRUCCIONES:

1. Suaviza el queso crema y mézclalo con el jugo de limón.
2. Forma bolitas.
3. Ruédalas en la gelatina y métalas en el refrigerador durante toda la noche.

CONSEJO ADICIONAL
Agrega un poco de fruta picada del mismo sabor que la gelatina para obtener un toque afrutado extra.

INFORMACIÓN NUTRICIONAL (POR PORCIÓN)

Calorías: 105   Grasas: 9 g   Proteínas: 3 g   Carbohidratos Totales: 1 g   Fibra Dietética: 0 g   Carbohidratos Netos: 1 g

BOLAS DE NUEZ CON QUESO Y FRUTOS ROJOS

Porciones	: 12
Tiempo de preparación	: 10 minutos
Tiempo de cocción	: Ninguno
Tiempo de congelación	: Ninguno

CONSEJO ADICIONAL
Rocíalas con un poco de aceite de oliva para obtener un sabor más suave.

INGREDIENTES:

- 170 gramos de queso de cabra
- ⅔ de taza de arándanos deshidratados
- ¼ de taza de nueces pecanas picadas
- 2 cucharas de perejil fresco picado
- Sal al gusto

INSTRUCCIONES:

1. Pica los arándanos en trozos pequeños.
2. Suaviza el queso y mezcla todos los ingredientes.
3. Forma bolitas y déjalas enfriar durante unos 45 minutos
4. ¡Sirve y disfruta!

INFORMACIÓN NUTRICIONAL (POR PORCIÓN)

Calorías: 125   Grasas: 10 g   Proteínas: 7 g   Carbohidratos Totales: 3 g   Fibra Dietética: 1 g   Carbohidratos Netos: 2 g

MINI TARTAS DE QUESO CON FRESAS

Porciones : 12
Tiempo de preparación : 10 minutos
Tiempo de cocción : Ninguno
Tiempo de congelación : 2-3 horas

INGREDIENTES:

- 1 taza de mantequilla de coco
- 1 taza de aceite de coco
- ½ taza de fresas rebanadas
- 2 cucharadas de queso crema entero
- ½ cucharadita de jugo de limón
- Estevia al gusto

INSTRUCCIONES:

1. Agrega las fresas a un procesador de alimentos y hazlas puré.
2. Suaviza el queso crema y la mantequilla de coco.
3. Mezcla todos los ingredientes.
4. Agrega a los moldes de silicón y congela durante aproximadamente 2 horas. Mantenlas guardadas en el refrigerador.

CONSEJO ADICIONAL
usa frambuesas o moras azules en lugar de fresas.

INFORMACIÓN NUTRICIONAL (POR PORCIÓN)

Calorías: 372   Grasas: 41 g   Proteínas: 1 g   Carbohidratos Totales: 3 g   Fibra Dietética: 1 g   Carbohidratos Netos: 2 g

BOMBAS DE GRASA DE HELADO

Porciones : 12
Tiempo de preparación : 10 minutos
Tiempo de cocción : Ninguno
Tiempo de congelación : 2 horas

INGREDIENTES:

- 3 tazas de proteína en polvo de tu sabor de helado favorito
- 1 taza de mantequilla de anacardo (marañón, nuez de la india)
- 1 taza de crema batida
- Estevia al gusto

INSTRUCCIONES:

1. Pon la crema batida en un tazón y mezcla suavemente y de forma envolvente la proteína en polvo, estevia y mantequilla de anacardo.
2. Vierte la mezcla en moldes de silicón y congélala.
3. Disfruta este postre helado.

CONSEJO ADICIONAL
Cubre con algunas bayas picadas o jarabe sin azúcar

INFORMACIÓN NUTRICIONAL (POR PORCIÓN)

Calorías: 250   Grasas: 19 g   Proteínas: 11 g   Carbohidratos Totales: 10 g   Fibra Dietética: 2 g   Carbohidratos Netos: 8 g

BOMBAS DE MORA AZUL

Porciones	: 12
Tiempo de preparación	: 15 minutos
Tiempo de cocción	: Ninguno
Tiempo de congelación	: 3 - 4 horas

CONSEJO ADICIONAL
Las bayas no tienen que ser azules, en su lugar prueba con tus bayas favoritas.

INGREDIENTES:

- 2 cucharadas de mantequilla de almendras
- 1 cucharada de aceite de coco
- 1 cucharada de cacao en polvo
- ¼ de cucharadita de canela molida
- Estevia al gusto
- Una pizca de sal

PARA LA COBERTURA:

- ¼ de taza de mantequilla de vacas alimentadas con pasto
- ¼ de taza de queso crema
- ¼ de taza de puré de arándanos
- 1 cucharada de crema espesa para batir
- 1 cucharadita de extracto de vainilla

INSTRUCCIONES:

1. Combina los ingredientes que no son los de la cobertura en un tazón hasta que obtengas una mezcla uniforme.
2. Unta esta mezcla en una bandeja para hornear forrada con papel pergamino. Congela hasta que estén firmes.
3. Mientras tanto, agrega los ingredientes de la cobertura a una licuadora y bátelos muy bien.
4. Retira la base del congelador y córtala en cuadrados. Unta la cobertura en cada cuadrado y regrésalas al congelador.

INFORMACIÓN NUTRICIONAL (POR PORCIÓN)

Calorías: 77   Grasas: 8 g   Proteínas: 1 g   Carbohidratos Totales: 1 g   Fibra Dietética: 0 g   Carbohidratos Netos: 1 g

BOMBAS PICANTES DE LIMÓN

Porciones : 12
Tiempo de preparación : 5 minutos
Tiempo de cocción : Ninguno
Tiempo de congelación : 2 Horas

CONSEJO ADICIONAL
También puedes insertarlos en palitos para que parezcan paletas. Todo lo que tienes que hacer es insertar un palito de madera en cada molde.

INGREDIENTES:

- 110 gramos de queso crema
- ¼ de taza de mantequilla de vacas alimentadas con pasto
- ¼ de taza de aceite de coco
- 3-4 limones
- Estevia al gusto
- Colorante alimenticio amarillo (opcional)

INSTRUCCIONES:

1. Exprime los limones y ralla la cáscara para obtener la ralladura de limón.
2. Agrega todos los ingredientes a un procesador de alimentos y mezcla bien.
3. Vierte en moldes y congela hasta que cuaje.

INFORMACIÓN NUTRICIONAL (POR PORCIÓN)

Calorías: 75   Grasas: 8 g   Proteínas: 2 g   Carbohidratos Totales: 1 g   Fibra Dietética: 0 g   Carbohidratos Netos: 1 g

DIMINUTAS EXPLOSIONES PICANTES

Porciones : 12
Tiempo de preparación : 25 minutos
Tiempo de cocción : Ninguno
Tiempo de congelación : Ninguno

INGREDIENTES:

- 340 gramos de queso crema
- 3 chiles jalapeños
- 12 rebanadas de tocino
- 1 ½ cucharaditas de perejil seco
- ¾ de cucharadita de ajo en polvo
- ¾ de cucharadita de cebolla en polvo
- ¼ de cucharadita de sal kosher
- Pimienta al gusto

INSTRUCCIONES:

1. Fríe el tocino hasta que esté crujiente y pícalo en trozos pequeños.
2. Rebana finamente los chiles jalapeños.
3. Suaviza el queso crema y combina todos los ingredientes (incluyendo el tocino y los jalapeños).
4. Forma bolitas y enfríalas durante unos 30 minutos.
5. Sírvelos con el aderezo de tu elección.

CONSEJO ADICIONAL
No desperdicies la grasa del tocino. También añádela a la mezcla.

INFORMACIÓN NUTRICIONAL (POR PORCIÓN)

Calorías: 207   Grasas: 19 g   Proteínas: 5 g   Carbohidratos Totales: 2 g   Fibra Dietética: 1 g   Carbohidratos Netos: 1 g

BOMBAS DE GRASA DE QUESO CON AJO

Porciones : 12
Tiempo de preparación : 7-10 minutos
Tiempo de cocción : Ninguno
Tiempo de congelación : Ninguno

CONSEJO ADICIONAL
También puedes agregar algunas verduras picadas si lo deseas.

INGREDIENTES:

- 4 tazas de queso mozzarella rallado
- 1 taza de migajas cetogénicas
- 4 cucharadas de mantequilla de vacas alimentadas con pasto
- 2 cucharaditas de pasta de ajo
- 2 cucharaditas de pasta de cilantro
- Sal al gusto

INSTRUCCIONES:

1. Mezcla todos los ingredientes. La consistencia será parecida a la de la masa.
2. Usando tus manos, haz pequeñas formas irregulares. Es difícil que logres que se formen bolas.
3. Pásalas por las migajas cetogénicas y colócalas sobre papel pergamino.
4. Refrigera hasta que estén firmes (aproximadamente 1-2 horas).
5. Sírvelas con el aderezo de tu elección.

INFORMACIÓN NUTRICIONAL (POR PORCIÓN)

Calorías: 141   Grasas: 11 g   Proteínas: 9 g   Carbohidratos Totales: 1 g   Fibra Dietética: 0 g   Carbohidratos Netos: 1 g

OTOÑO

Delicias de Almendra

Conos Salados de Caramelo

Mini Rollos de Canela

Bocaditos de Chai

Barras de Maple y Nuez Pecana

Bombas de Grasa de Tarta de Calabaza

Explosiones de Chocolate y Mantequilla de Maní

Bombas de Tocino Cubiertas de Cacao

Turrones de Nueces

Queso Fresco Frito

Dulce de Manzana

Nubes de Queso Crema

Bombas de Grasa de Calabaza Picante

DELICIAS DE ALMENDRA

Porciones : 12
Tiempo de preparación : 10 minutos
Tiempo de cocción : Ninguno
Tiempo de congelación : 2 Horas

CONSEJO ADICIONAL
Te sugiero derretir la mantequilla a baño maría, porque si la derrites directo en el fuego la mantequilla se puede escaldar y quemar, lo que arruina el sabor. Intenta agregar algunas almendras picadas para darle más textura.

INGREDIENTES:

- 510 gramos de mantequilla de vacas alimentadas con pasto
- 55 gramos de crema espesa
- ⅔ de taza de cacao en polvo
- ½ taza de estevia granulada
- 4 cucharadas de mantequilla de almendras
- 1 cucharadita de extracto de vainilla

INSTRUCCIONES:

1. Derrite la mantequilla a baño maría.
2. Agrega el resto de los ingredientes y mezcla bien.
3. Vierte en tus moldes favoritos y congela durante 2 horas.

INFORMACIÓN NUTRICIONAL (POR PORCIÓN)

Calorías: 350   Grasas: 38 g   Proteínas: 2 g   Carbohidratos Totales: 4 g   Fibra Dietética: 2 g   Carbohidratos Netos: 0 g

CONOS SALADOS DE CARAMELO

Porciones : 12
Tiempo de preparación : 5 minutos
Tiempo de cocción : Ninguno
Tiempo de congelación : 2 horas

INGREDIENTES:

- ⅓ de taza de aceite de coco
- ⅓ de taza de mantequilla de vacas alimentadas con pasto
- 2 cucharadas de crema espesa para montar
- 2 cucharadas de crema ácida
- 1 cucharada de azúcar de caramelo
- 1 cucharadita de sal de mar
- Estevia al gusto

INSTRUCCIONES:

1. Suaviza la mantequilla y el aceite de coco.
2. Mezcla todos los ingredientes hasta formar una masa.
3. Vierte la masa en un molde con forma de cono o triángulo. Congela hasta que estén firmes.
4. ¡Espolvoréalos con un poco más de sal y disfruta!
5. Consérvalos en el refrigerador.

CONSEJO ADICIONAL
No uses sal de mesa regular. Usa una sal más gruesa como la kosher o la sal de mar, que brinda una mejor textura y sabor.

INFORMACIÓN NUTRICIONAL (POR PORCIÓN)

Calorías: 100   Grasas: 12 g   Proteínas: 0 g   Carbohidratos Totales: 1 g   Fibra Dietética: 0 g   Carbohidratos Netos: 1 g

MINI ROLLOS DE CANELA

Porciones : 12
Tiempo de preparación : 5 minutos
Tiempo de cocción : Ninguno
Tiempo de congelación : 2 horas

INGREDIENTES:

- 225 g de queso crema
- ½ taza de mantequilla de vacas alimentadas con pasto
- 4 cucharadas de aceite de coco
- 1 cucharadita de extracto de vainilla
- ¼ de cucharadita de canela molida
- ⅛ de cucharadita de nuez moscada molida
- Estevia al gusto

INSTRUCCIONES:

1. Suaviza la mantequilla y el aceite de coco. Mezcla con el queso crema.
2. Agrega el resto de los ingredientes y mezcla hasta que esté homogénea.
3. Vierte en moldes de silicón y congela hasta que estén firmes.

CONSEJO ADICIONAL
Rocíales un poco de jarabe de caramelo sin azúcar en la parte superior.

INFORMACIÓN NUTRICIONAL (POR PORCIÓN)

Calorías: 165   Grasas: 18 g   Proteínas: 1 g   Carbohidratos Totales: 1 g   Fibra Dietética: 0 g   Carbohidratos Netos: 1 g

BOCADITOS DE CHAI

Porciones : 12
Tiempo de preparación : 5 minutos
Tiempo de cocción : Ninguno
Tiempo de congelación : 2 horas

INGREDIENTES:

- 1 taza de queso crema
- 1 taza de aceite de coco
- 55 gramos de mantequilla de vacas alimentadas con pasto
- 2 cucharaditas de jengibre molido
- 2 cucharaditas de cardamomo molido
- 1 cucharadita de nuez moscada molida
- 1 cucharadita de clavos molidos
- 1 cucharadita de té negro Darjeeling
- 1 cucharadita de extracto de vainilla
- Estevia al gusto

INSTRUCCIONES:

1. Derrite la mantequilla y el aceite de coco en una cacerola y agrega el té negro. Espera a que coloree la mezcla.
2. Agrega el queso crema y retira del fuego. Revuelve bien.
3. Agrega todas las especias y revuelve para hacer una masa.
4. Vierte en moldes de silicón y congela hasta que estén firmes.
5. Disfrútalas con un poco de té o por las noches en el lugar del té.
6. Guárdalas en el refrigerador.

INFORMACIÓN NUTRICIONAL (POR PORCIÓN)

Calorías: 178   Grasas: 19 g   Proteínas: 1 g   Carbohidratos Totales: 1 g   Fibra Dietética: 0 g   Carbohidratos Netos: 1 g

BARRAS DE MAPLE Y NUEZ PECANA

Porciones : 12
Tiempo de preparación : 10 minutos
Tiempo de cocción : 25 minutos
Tiempo de congelación : Ninguno

CONSEJO ADICIONAL
Como son horneadas, se pueden almacenar en un recipiente hermético a temperatura ambiente hasta por una semana.

INGREDIENTES:

- 2 tazas de nueces pecanas picadas
- 1 taza de harina de almendra
- ½ taza de chispas de chocolate sin azúcar
- ½ taza de harina de linaza
- ½ taza de aceite de coco (calentar ligeramente para que se vuelva líquido)
- ½ taza de jarabe de maple sin azúcar
- 20-25 gotas de estevia

INSTRUCCIONES:

1. Extiende las nueces pecanas en una bandeja para hornear y hornea a 180°C hasta que se vuelvan aromáticas (generalmente tomará de 6 a 8 minutos).
2. Mientras tanto, tamiza todos los ingredientes secos.
3. Agrega las nueces tostadas a la mezcla e intégralas bien.
4. Agrega el jarabe de maple y el aceite de coco, revuelve hasta que obtengas una mezcla espesa y pegajosa.
5. Vierte en un molde para pan forrado con papel pergamino.
6. Hornea durante unos 18 minutos a 180°C o hasta que la parte superior esté dorada.
7. ¡Rebana y disfruta!

INFORMACIÓN NUTRICIONAL (POR PORCIÓN)

Calorías: 302   Grasas: 30 g   Proteínas: 5 g   Carbohidratos Totales: 6 g   Fibra Dietética: 4 g   Carbohidratos Netos: 2 g

BOMBAS DE GRASA DE TARTA DE CALABAZA

Porciones: 12
Tiempo de preparación: 35 minutos
Tiempo de cocción: 35 minutos
Tiempo de congelación: 3 horas

INGREDIENTES:

- ⅓ de taza de puré de calabaza
- ⅓ de taza de mantequilla de almendras
- ¼ de taza de aceite de almendras
- 85 gramos de chocolate oscuro sin azúcar
- 2 cucharadas de aceite de coco
- 1 ½ cucharadita de mezcla de especias para tarta de calabaza
- Estevia al gusto

INSTRUCCIONES:

1. Derrite el chocolate oscuro y el aceite de almendras a baño maría.
2. Pon una capa de esta mezcla en el fondo de 12 moldes para panquecitos y congela hasta que la corteza se haya endurecido.
3. Mientras tanto, integra el resto de los ingredientes en una cacerola y calienta a fuego lento.
4. Calienta hasta que se suavice y mezcla bien.
5. Vierte esto sobre la mezcla inicial de chocolate y pon a enfriar durante al menos 1 hora.

CONSEJO ADICIONAL
Usa puré de calabaza sin ningún ingrediente adicional.

INFORMACIÓN NUTRICIONAL (POR PORCIÓN)

Calorías: 124   Grasas: 13 g   Proteínas: 3 g   Carbohidratos Totales: 3 g   Fibra Dietética: 1 g   Carbohidratos Netos: 2 g

EXPLOSIONES DE CHOCOLATE Y MANTEQUILLA DE MANÍ

Porciones : 12
Tiempo de preparación : 12 minutos
Tiempo de cocción : 20 minutos
Tiempo de congelación : Ninguno

INGREDIENTES:

- 2 tazas de harina de almendras
- ⅓ de taza de mantequilla de maní crujiente
- ¼ de taza de aceite de coco (calentar suavemente para que quede líquido)
- 110 gramos de chocolate oscuro
- (sin azúcar)
- 3 cucharadas de jarabe de maple sin azúcar
- 1 cucharada de extracto de vainilla
- 1 ¼ de cucharadita de polvo para hornear
- Una pizca de sal

INSTRUCCIONES:

1. Mezcla todos los ingredientes húmedos en un tazón grande. La mezcla tendrá un color café claro.
2. En otro tazón, mezcla todos los ingredientes secos excepto el chocolate.
3. Enseguida, tamiza los ingredientes secos y agrégalos a los ingredientes húmedos mientras continúas mezclando. El objetivo es obtener una masa suave sin grumos.
4. Se formará una mezcla quebradiza. Haz una bola con esta masa quebradiza y envuélvela con plástico autoadherible. Refrigera por aproximadamente una hora.
5. Mientras la bola está en el refrigerador, corta el chocolate en trozos pequeños de 2.5 cm.
6. Saca la masa del refrigerador y haz bolitas. Coloca un trozo de chocolate en medio de cada bola.
7. Acomódalas en una bandeja para hornear.
8. Hornea durante unos 18 minutos a 180°C.
9. Espolvoréales un poco de canela molida, enfría ¡y disfruta!

INFORMACIÓN NUTRICIONAL (POR PORCIÓN)

Calorías: 148   Grasas: 13 g   Proteínas: 4 g   Carbohidratos Totales: 4 g   Fibra Dietética: 2 g   Carbohidratos Netos: 2 g

BOMBAS DE TOCINO CUBIERTAS DE CACAO

Porciones : 12
Tiempo de preparación : 10 minutos
Tiempo de cocción : 50 minutos
Tiempo de congelación : Ninguno

CONSEJO ADICIONAL
También puedes freír el tocino en lugar de hornearlo.

INGREDIENTES:

- 12 rebanadas de tocino
- 1 cucharada de jarabe de maple sin azúcar
- Estevia granulada al gusto

PARA LA COBERTURA:
- ¼ de taza de nueces pecanas picadas
- 4 cucharadas de cacao oscuro en polvo
- 15-20 gotas de estevia

INSTRUCCIONES:

1. Pon las rebanadas de tocino en una bandeja para hornear y frótalas con el jarabe de arce y la estevia. Voltea las rebanadas y haz lo mismo con el otro lado.
2. Hornee por 10-15 minutos a 135°F (hasta que estén crujientes).
3. Cuando estén listas, drena la grasa del tocino.
4. Mezcla la grasa del tocino, el cacao en polvo y la estevia para formar una masa.
5. Sumerge las rebanadas de tocino en esta mezcla, rebózalas en las nueces picadas y déjalas secar al aire hasta que el chocolate se endurezca.

INFORMACIÓN NUTRICIONAL (POR PORCIÓN)

Calorías: 157 Grasas: 11 g Proteínas: 10 g Carbohidratos Totales: 1 g Fibra Dietética: 0 g Carbohidratos Netos: 1 g

TURRONES DE NUECES

Porciones : 12
Tiempo de preparación : 5 minutos
Tiempo de cocción : 5 minutos
Tiempo de congelación : 1 hora

CONSEJO ADICIONAL
No te gustan las nueces de la receta? Usa cualquier nuez de tu preferencia.

INGREDIENTES:

- 110 gramos de manteca de cacao
- 55 gramos de nueces de macadamia picadas
- 55 gramos de nueces picadas
- 55 gramos de nueces pecanas picadas
- 1 taza de crema espesa
- 2 cucharadas de cacao en polvo
- Estevia al gusto

INSTRUCCIONES:

1. Derrite la manteca de cacao a baño María. Agrega gradualmente el cacao en polvo y la estevia.
2. Mezcla bien. Retira del fuego.
3. Bate la crema espesa y agrega todas las nueces de forma envolvente.
4. Vierte en los moldes y refrigera hasta que esté firme.

INFORMACIÓN NUTRICIONAL (POR PORCIÓN)

Calorías: 367   Grasas: 28 g   Proteínas: 3 g   Carbohidratos Totales: 3 g   Fibra Dietética: 0 g   Carbohidratos Netos: 3 g

QUESO FRESCO FRITO

Porciones : 12
Tiempo de preparación : 2 minutos
Tiempo de cocción : 5-7 minutos
Tiempo de congelación : Ninguno

CONSEJO ADICIONAL
También puedes agregar especias diversas para mejorar el sabor.

INGREDIENTES:

- 900 gramos de queso fresco
- 2 cucharadas de aceite de coco
- 1 cucharada de aceite de oliva
- 1 cucharada de albahaca picada

INSTRUCCIONES:

1. Calienta el aceite de coco y el de oliva en una sartén.
2. Corta el queso fresco en cuadrados pequeños.
3. Fríelo en el aceite. Asegúrate de freírlo hasta que todos los lados queden dorados.
4. Espolvoréalos con albahaca fresca ¡y disfrútalos!

INFORMACIÓN NUTRICIONAL (POR PORCIÓN)

Calorías: 243 Grasas: 19 g Proteínas: 16 g Carbohidratos Totales: 0 g Fibra Dietética: 0 g Carbohidratos Netos: 0 g

RUEDAS DE MANZANA

Porciones	: 12
Tiempo de preparación	: 5 minutos
Tiempo de cocción	: 5 minutos
Tiempo de congelación	: 3 horas

INGREDIENTES:

- 2 manzanas medianas
- 140 gramos de crema espesa
- ½ taza de mantequilla de vacas alimentadas con pasto
- 2 cucharadas de aceite de coco
- 1 cucharadita de canela molida
- Estevia al gusto
- Una pizca de sal

INSTRUCCIONES:

1. Corta las manzanas en rebanadas finas.
2. Derrite el aceite de coco en una sartén y agrega las manzanas y la canela. Mezcla bien para cubrir las manzanas.
3. Cocina hasta que se ablanden las manzanas. Machácalas suavemente con la ayuda de una cuchara.
4. Retíralas del fuego y agrega el resto de los ingredientes de forma envolvente.
5. Vierte la mezcla en moldes para hacer caramelos (preferiblemente en forma de manzana) y congela durante aproximadamente 3 horas.
6. Guárdalas en el refrigerador.

CONSEJO ADICIONAL

Las manzanas son relativamente altas en carbohidratos, así que consúmelas ocasionalmente.

INFORMACIÓN NUTRICIONAL (POR PORCIÓN)

Calorías: 168   Grasas: 12 g   Proteínas: 0 g   Carbohidratos Totales: 10 g   Fibra Dietética: 2 g   Carbohidratos netos: 8 g

NUBES DE QUESO CREMA

Porciones	: 5 minutos
Tiempo de preparación	: Ninguno
Tiempo de cocción	: 12
Tiempo de congelación	: 1 hora

CONSEJO ADICIONAL
También puedes usar diferentes extractos de sabores (por ejemplo, naranja, menta, etc.) para hacerlos de varios sabores.

INGREDIENTES:

- ½ taza de mantequilla de vacas alimentadas con pasto
- 225 g de queso crema
- ½ cucharadita de extracto de vainilla
- Estevia al gusto

INSTRUCCIONES:

1. Bate todos los ingredientes con un batidor eléctrico hasta que logres una consistencia espumosa.
2. Pon cucharadas de la mezcla en una bandeja y congela hasta que esté firme.

INFORMACIÓN NUTRICIONAL (POR PORCIÓN)

Calorías: 134   Grasas: 14 g   Proteínas: 1 g   Carbohidratos Totales: 1 g   Fibra Dietética: 1 g   Carbohidratos Netos: 0 g

BOMBAS DE GRASA DE CALABAZA PICANTE

Porciones : 12
Tiempo de preparación : 10 minutos
Tiempo de cocción : 6 minutos
Tiempo de congelación : Durante toda la noche

CONSEJO ADICIONAL

Puedes hacer algo muy divertido agregando algunas de estas bombas (o la mezcla pre-congelada) a un procesador de alimentos y mezclarlas con un poco de coco o leche regular para obtener un batido instantáneo de calabaza. Agregue un poco de café instantáneo para obtener un café con leche rápido.

INGREDIENTES:

- ½ taza de calabaza cortada en cubitos
- 3 cucharadas de mantequilla de coco
- 1 ½ cucharadas de aceite de coco
- ¼ de cucharadita de jengibre molido
- ¼ de cucharadita de nuez moscada molida
- ¼ de cucharadita de canela molida
- ⅛ de cucharadita de clavo molido
- Estevia al gusto

INSTRUCCIONES:

1. Derrite el aceite de coco y agrégalo a la mantequilla de coco. Agrega la estevia y bate hasta que tenga una consistencia suave.
2. Agrega la calabaza en cubitos y las especias a un procesador de alimentos y pulsa hasta que queden trozos muy pequeños.
3. Mezcla estas dos preparaciones, revuelve bien.
4. Forma bolitas y acomódalas en una hoja de papel pergamino.
5. Mételas en el congelador hasta que estén firmes.

INFORMACIÓN NUTRICIONAL (POR PORCIÓN)

Calorías: 99   Grasas: 10 g   Proteínas: 2 g   Carbohidratos Totales: 1 g   Fibra Dietética: 0 g   Carbohidratos Netos: 1 g

INVIERNO

Bombas de Tocino para el Desayuno
Dulce de Leche Cremoso de Coco
Turrones de Nuez Moscada
Brownies de Cacao
Bolitas de Naranja
Mini Felicidad de Menta
Magdalena de Queso Cheddar
Bombas Rellenas de Semillas
Bombas con Nuez y Jengibre
Vasos con Natilla
Trufas con Nueces y Chocolate Blanco
Bombas de Grasa Tibias y Esponjosas
Bolas de Tocino con Centro de Queso

BOMBAS DE TOCINO PARA EL DESAYUNO

Porciones : 12
Tiempo de preparación : 10 minutos
Tiempo de cocción : 15 minutos
Tiempo de congelación : 1 hora

INGREDIENTES:

- 8 rebanadas de tocino
- 4 huevos
- ⅔ de taza de mantequilla de vacas alimentadas con pasto
- 2 cucharadas de mayonesa cetogénica entera
- 1 cucharada de cilantro picado
- ¼ de cucharadita de pimienta cayena
- Sal y pimienta al gusto

INSTRUCCIONES:

1. Pon a hervir los huevos hasta que estén duros.
2. Mientras los huevos están hirviendo, fríe el tocino hasta que esté crujiente. Reserva la grasa de tocino.
3. Cuando los huevos estén listos, pélalos y machácalos con un tenedor. Mezcla con la mantequilla, mayonesa y condimentos.
4. Desmenuza el tocino en trozos pequeños y agrégalo a la mezcla principal.
5. Refrigera por lo menos una hora.
6. Forma bolitas y regrésalas al refrigerador.

CONSEJO ADICIONAL
Personaliza los condimentos a tu gusto.

INFORMACIÓN NUTRICIONAL (POR PORCIÓN)

Calorías: 185   Grasas: 18 g   Proteínas: 5 g   Carbohidratos Totales: 0 g   Fibra Dietética: 0 g   Carbohidratos Netos: 0 g

DULCE DE LECHE CREMOSO DE COCO

Porciones : 12
Tiempo de preparación : 20 minutos
Tiempo de cocción : Ninguno
Tiempo de congelación : 2 Horas

CONSEJO ADICIONAL
También puedes formar bolitas, pero los cuadrados son mucho más convenientes.

INGREDIENTES:

- 2 tazas de aceite de coco
- ½ taza de crema de coco
- ½ taza de cacao oscuro en polvo
- ¼ de taza de almendras picadas
- ¼ de taza de coco rallado
- 1 cucharadita de extracto de almendra
- Una pizca de sal
- Estevia al gusto

INSTRUCCIONES:

1. Vierte la crema de coco y el aceite de coco en un tazón grande y bate con una batidora eléctrica. Detente cuando la mezcla se vuelva suave y brillante.
2. Lentamente comienza a agregar el cacao en polvo mientras sigues mezclando. Asegúrate de que no tenga grumos.
3. Agrega el resto de los ingredientes.
4. Vierte en un molde para pan forrado con papel pergamino y congela hasta que esté firme.
5. ¡Córtalos en cuadros y disfrútalos!

INFORMACIÓN NUTRICIONAL (POR PORCIÓN)

Calorías: 172   Grasas: 20 g   Proteínas: 0 g   Carbohidratos Totales: 1 g   Fibra Dietética: 1 g   Carbohidratos Netos: 0 g

TURRONES DE NUEZ MOSCADA

Porciones : 12
Tiempo de preparación : 10 minutos
Tiempo de cocción : 5 minutos
Tiempo de congelación : 30 minuto

CONSEJO ADICIONAL
También puedes cubrirlos con cacao en polvo.

INGREDIENTES:

- 1 taza de mantequilla de anacardo (marañón, nuez de la india)
- 1 taza de crema espesa
- 1 taza de coco rallado
- 1 cucharadita de extracto de vainilla
- ½ cucharadita de nuez moscada molida
- Estevia al gusto

INSTRUCCIONES:

1. Derrite la mantequilla de anacardo a baño maría.
2. Agrega la crema espesa, el extracto de vainilla, la nuez moscada y la estevia.
3. Retira del fuego y deja que se enfríe un poco.
4. Mete al refrigerador durante al menos media hora.
5. Saca del refrigerador y forma bolitas.
6. Cubre con coco rallado y enfría durante 2 horas. Después sírvelas.

INFORMACIÓN NUTRICIONAL (POR PORCIÓN)

Calorías: 341   Grasas: 34 g   Proteínas: 3 g   Carbohidratos Totales: 13 g   Fibra Dietética: 8 g   Carbohidratos Netos: 5 g

BROWNIES DE CACAO

Porciones : 12
Tiempo de preparación : 15 minutos
Tiempo de cocción : 25 minutos
Tiempo de congelación : Ninguno

CONSEJO ADICIONAL
Prepare el brownie à la mode sirviéndolo con una bola de helado cetogénico.

INGREDIENTES:

- 1 huevo
- ⅓ de taza de crema espesa
- ¾ de taza de mantequilla de almendras
- ¼ de taza de cacao en polvo
- 2 cucharadas de mantequilla de vacas alimentadas con pasto
- 2 cucharaditas de extracto de vainilla
- ¼ de cucharadita de polvo para hornear
- Una pizca de sal

INSTRUCCIONES:

1. Rompe el huevo y bátelo hasta que esté suave.
2. Agrega todos los ingredientes húmedos y mezcla bien.
3. Mezcla todos los ingredientes secos, tamízalos y agrégalos en los ingredientes húmedos para hacer una masa.
4. Vierte en una bandeja para hornear engrasada y hornea durante 25 minutos a 180°C o hasta que cuando insertes un palillo por la mitad salga limpio.
5. Deja enfriar, rebana y sirve.

INFORMACIÓN NUTRICIONAL (POR PORCIÓN)

Calorías: 184   Grasas: 20 g   Proteínas: 1 g   Carbohidratos Totales: 1 g   Fibra Dietética: 0 g   Carbohidratos Netos: 1 g

BOLITAS DE NARANJA

Porciones : 12
Tiempo de preparación : 10 minutos
Tiempo de cocción : Ninguno
Tiempo de congelación : 2 Horas

CONSEJO ADICIONAL
Esta es una receta versátil. Prueba con varios aderezos/adiciones. Algunas sugerencias: nueces tostadas picadas, coco rallado, (más) cacao en polvo

INGREDIENTES:

- 280 gramos de aceite de coco
- 4 cucharadas de cacao en polvo
- ¼ de cucharadita de extracto de naranja sanguina
- Estevia al gusto

INSTRUCCIONES:

1. Derrite la mitad del aceite de coco a baño maría y agrega la estevia y el extracto de naranja.
2. Vierte esta mezcla en moldes para caramelo, llenándolos hasta la mitad.
3. Refrigera hasta que estén firmes.
4. Mientras tanto, derrite el aceite de coco restante y agrega el cacao en polvo y un poco de estevia. Asegúrate de que no tenga grumos.
5. Vierte esto en los moldes, llenándolos.
6. Regrésalos al refrigerador y enfríalos hasta que estén completamente firmes.

INFORMACIÓN NUTRICIONAL (POR PORCIÓN)

Calorías: 188   Grasas: 21 g   Proteínas: 1 g   Carbohidratos Totales: 1 g   Fibra Dietética: 0 g   Carbohidratos Netos: 1 g

MINI FELICIDAD DE MENTA

Porciones : 12
Tiempo de preparación : 45 minutos
Tiempo de cocción : Ninguno
Tiempo de congelación : 2 horas

INGREDIENTES:

- 1 ½ tazas de aceite de coco
- 1 ¼ tazas de mantequilla de semillas de girasol
- 1/2 taza de chispas de chocolate oscuro
- (sin azúcar)
- ½ taza de perejil seco
- 2 cucharaditas de extracto de vainilla
- 1 cucharadita de extracto de menta
- Una pizca de sal
- Estevia al gusto

INSTRUCCIONES:

1. Derrite las chispas de chocolate oscuro y el aceite de coco a baño maría.
2. Agrega todos los ingredientes a un procesador de alimentos y pulsa hasta que tenga una consistencia suave.
3. Vierte en moldes redondos y congela.

CONSEJO ADICIONAL
Agrega algunas cerezas deshidratadas picadas para volverlas mucho más festivas.

INFORMACIÓN NUTRICIONAL (POR PORCIÓN)

Calorías: 251   Grasas: 25 g   Proteínas: 3 g   Carbohidratos Totales: 7 g   Fibra Dietética: 1 g   Carbohidratos Netos: 6 g

MAGDALENA DE QUESO CHEDDAR

Porciones : 1
Tiempo de preparación : 5 minutos
Tiempo de cocción : 1 minutos
Tiempo de congelación : Ninguno

INGREDIENTES:

- 2 cucharadas de queso cheddar rallado
- 2 cucharadas de mantequilla de vacas alimentadas con pasto
- 3 cucharadas de harina de almendras
- 1 cucharada de chiles verdes picados
- ½ cucharadita de polvo para hornear
- ¼ de cucharadita de pimienta cayena
- 1 huevo
- Una pizca de sal

INSTRUCCIONES:

1. Bate el huevo hasta que esté suave. Agrégalo a una taza de café.
2. Mezcla el queso y la mantequilla suavizada. Agrega el resto de los ingredientes. Mezcla bien.
3. Añade esto al huevo y mezcla bien.
4. Caliéntalo en el microondas durante 1 minuto o hasta que cuando insertes un palillo en el centro salga limpio.
5. Cómelo directamente de la taza.

INFORMACIÓN NUTRICIONAL (POR PORCIÓN)

Calorías: 492   Grasas: 49 g   Proteínas: 18 g   Carbohidratos Totales: 6 g   Fibra Dietética: 3 g   Carbohidratos Netos: 3 g

BOMBAS RELLENAS DE SEMILLAS

Porciones : 12
Tiempo de preparación : 35 minutos
Tiempo de cocción : Ninguno
Tiempo de congelación : 1 hora

CONSEJO ADICIONAL
Puedes agregar cualquier combinación de semillas que desees. Me gusta hacer una bonita mezcla colorida.

INGREDIENTES:

- ⅔ de taza de mantequilla de coco
- 2 ½ cucharadas de aceite de coco
- 2 cucharadas de cacao en polvo
- 1 cucharada de semillas de cáñamo
- 1 cucharada de semillas de linaza
- 1 cucharada de semillas de chia
- 1 cucharada de semillas de calabaza
- 1 cucharadita de extracto de vainilla
- Estevia al gusto

INSTRUCCIONES:

1. Derrite la mantequilla de coco y el aceite de coco a baño maría.
2. Mezcla todos los ingredientes y viértelos en moldes.
3. Refrigera hasta que estén semi-firmes y pastosas. Mantenlas guardadas en el refrigerados para que las consumas después.

INFORMACIÓN NUTRICIONAL (POR PORCIÓN)

Calorías: 121   Grasas: 11 g   Proteínas: 2 g   Carbohidratos Totales: 4 g   Fibra Dietética: 3 g   Carbohidratos Netos: 1 g

BOMBAS CON NUEZ Y JENGIBRE

Porciones : 12
Tiempo de preparación : 5 minutos
Tiempo de cocción : Ninguno
Tiempo de congelación : 2 Horas

CONSEJO ADICIONAL
Funciona mejor usar jengibre fresco, pero si no lo puedes conseguir, también puedes usar jengibre molido.

INGREDIENTES:

- 110 gramos de coco rallado
- 55 gramos de mantequilla de vacas alimentadas con pasto
- 55 gramos de aceite de coco
- 1 cucharada de jengibre rallado
- 1 cucharadita de canela molida
- 1 cucharadita de extracto de vainilla
- ½ cucharada de anacardos (marañón, nuez de la India) tostados triturados
- Estevia al gusto
- Una pizca de sal

INSTRUCCIONES:

1. Suaviza la mantequilla y el aceite de coco.
2. Mezcla todos los ingredientes.
3. Vierte en moldes y congela.

INFORMACIÓN NUTRICIONAL (POR PORCIÓN)

Calorías: 79   Grasas: 9 g   Proteínas: 0 g   Carbohidratos Totales: 1 g   Fibra Dietética: 0 g   Carbohidratos Netos: 1 g

VASOS CON NATILLA

Porciones: 12
Tiempo de preparación: 5 minutos
Tiempo de cocción: Ninguno
Tiempo de congelación: 40 minutos

INGREDIENTES:

- 220 gramos de mantequilla de vacas alimentadas con pasto
- 2 tazas de leche de coco
- ½ taza de aceite de coco
- ½ taza de coco rallado
- ¼ de taza de proteína en polvo (de cualquier sabor de tu preferencia)
- 2 cucharadas de gelatina
- 1 ½ cucharaditas de extracto de vainilla
- 6 cucharaditas de xilitol
- 5 yemas de huevo
- Estevia al gusto

INSTRUCCIONES:

1. Bate las yemas de huevo hasta que estén suaves y cremosas.
2. Derrite la mantequilla y el aceite de coco en una cacerola. Agrega leche de coco a esta mezcla.
3. Agrega la gelatina y sigue revolviendo hasta que la gelatina se disuelva y la mezcla comience a espesarse un poco.
4. Retira del fuego y déjala enfriar. Sin dejar de revolver agrega la proteína en polvo y el extracto de vainilla.
5. Vierte la mezcla en tazones y espolvoréales coco rallado arriba.
6. Enfría antes de servir.

CONSEJO ADICIONAL
Puedes hacer de diferentes sabores usando diferentes sabores de proteínas en polvo.

INFORMACIÓN NUTRICIONAL (POR PORCIÓN)

Calorías: 349   Grasas: 37 g   Proteínas: 2 g   Carbohidratos Totales: 5 g   Fibra Dietética: 1 g   Carbohidratos Netos: 4 g

TRUFAS CON NUECES Y CHOCOLATE BLANCO

Porciones : 12
Tiempo de preparación : 5 minutos
Tiempo de cocción : Ninguno
Tiempo de congelación : 1-2 horas

CONSEJO ADICIONAL
La estevia granulada es opcional. También se pueden espolvorear con un poco de cacao en polvo o coco rallado.

INGREDIENTES:

- ½ taza de nueces pecanas tostadas picadas
- 4 cucharadas de manteca de cacao
- 4 cucharadas de mantequilla de coco
- 4 cucharadas de aceite de coco
- 1 cucharadita de una vaina de vainilla raspada
- Estevia granulada y líquida al gusto
- Una pizca de sal

INSTRUCCIONES:

1. Mezcla todos los ingredientes hasta formar una masa.
2. Vierte en un molde de pan forrado con papel pergamino.
3. Congela hasta que esté firme.
4. Corta en cuadrados y espolvoréales un poco de estevia granulada.

INFORMACIÓN NUTRICIONAL (POR PORCIÓN)

Calorías: 92   Grasas: 10 g   Proteínas: 0 g   Carbohidratos Totales: 1 g   Fibra Dietética: 0 g   Carbohidratos Netos: 1 g

TIBIAS Y ESPONJOSAS
BOMBAS DE GRASA

Porciones : 12
Tiempo de preparación : 10 minutos
Tiempo de cocción : 6 minutos
Tiempo de congelación : 1 hora

INGREDIENTES:

- 2 tazas de crema espesa
- ⅔ de taza de crema ácida
- 2 cucharaditas de canela molida
- 1 cucharadita de una vaina de vainilla raspada
- ¼ de cucharadita de cardamomo molido
- 4 yemas de huevo
- Estevia al gusto

INSTRUCCIONES:

1. Bate las yemas de huevo en un recipiente de vidrio hasta que estén suaves y cremosas.
2. Calienta el tazón a baño maría y agrega el resto de los ingredientes.
3. Retira del fuego y enfría a temperatura ambiente.
4. Refrigera por aproximadamente una hora y luego bate la mezcla.
5. Vierte en moldes y congela.

CONSEJO ADICIONAL
También les puedes agregar un poco de cacao en polvo.

INFORMACIÓN NUTRICIONAL (POR PORCIÓN)

Calorías: 363   Grasas: 40 g   Proteínas: 2 g   Carbohidratos Totales: 1 g   Fibra Dietética: 0 g   Carbohidratos Netos: 1 g

BOLAS DE TOCINO CON CENTRO DE QUESO

Porciones	: 35-40
Tiempo de preparación	: 3 minutos
Tiempo de cocción	: 5 minutos
Tiempo de congelación	: Ninguno

INGREDIENTES:

- 35-40 rebanadas de tocino
- 450 gramos de queso mozzarella rallado
- 8 cucharadas de mantequilla de vacas alimentadas con pasto
- 8 cucharadas de harina de almendras
- 6 cucharadas de polvo de cáscara de psyllium
- ¼ de cucharadita de cebolla en polvo
- ¼ de cucharadita de ajo en polvo
- 1 huevo
- 2 tazas de mantequilla clarificada (o ghee o aceite)
- Sal y pimienta al gusto

CONSEJO ADICIONAL
Esta receta se lleva un poco de tiempo, ya que el proceso de envoltura puede ser lento y tedioso, así que planifica con anticipación.

INSTRUCCIONES:

1. Prepara un baño maría.
2. Derrite la mantequilla y agrega la mitad del queso mozzarella. Espera a que la mezcla se vuelva viscosa y pegajosa.
3. Agrega el huevo y bate con un tenedor hasta que todo esté suave.
4. Agrega el resto de los ingredientes, menos el tocino y el queso restante, y mezcla bien. Retira del fuego.
5. En este punto la mezcla tendrá una consistencia espesa y parecida a la masa. Deja que se enfríe y luego extiéndela dándole una forma triangular plana.
6. Pon el queso restante sobre la mitad de la masa y luego dóblela, como si fuera un sándwich con queso en medio.
7. Dóblala una vez más y sella los bordes con las manos.
8. Córtala en cuadrados pequeños, obtendrás unos 35-40.
9. Envuelve cada cuadrado con una rebanada de tocino y asegúrala con un palillo de dientes. Repite el procedimiento con todos los cuadrados.
10. Calienta el aceite/ghee en una olla profunda y fríe hasta que estén dorados y crujientes.
11. Sírvelas recién hechas.

INFORMACIÓN NUTRICIONAL (POR PORCIÓN)

Calorías: 275   Grasas: 31 g   Proteínas: 0 g   Carbohidratos Totales: 2 g   Fibra Dietética: 1 g   Carbohidratos Netos: 1 g

Derechos de Autor 2016 por Elizabeth Jane - Todos los derechos reservados.

Para permisos contactar a:

elizabeth@ketojane.com

Este documento está orientado a proporcionar información exacta y confiable con respecto al tema cubierto. La publicación se vende con la idea de que el editor no está obligado a prestar asesoramiento profesional, autorizado oficialmente o de otro modo, prestar servicios calificados. Si se requiere asesoría, legal o profesional, se debe buscar a una persona con experiencia en la profesión.

A partir de una Declaración de Principios que fue aceptada y aprobada igualmente por un Comité de la Asociación Americana de Abogados y un Comité de Editores y Asociaciones.

De ninguna manera es legal reproducir, duplicar o transmitir cualquier parte de este documento, ya sea por medios electrónicos o en formato impreso. Está estrictamente prohibida la grabación de esta publicación, así mismo, no está permitido cualquier tipo de almacenamiento de este documento, a menos que posea un permiso por escrito del editor. Todos los derechos reservados.

Se declara que la información proporcionada en este documento es veraz y coherente, en el sentido de que cualquier responsabilidad, en términos de falta de atención o de otro tipo, por el uso o abuso de cualquier política, procesos o indicaciones contenidos en este documento es responsabilidad única y absoluta del lector receptor.

Bajo ninguna circunstancia se hará responsable o culpable legalmente al editor por cualquier reparación, daño o pérdida monetaria debida a la información aquí contenida, ya sea directa o indirectamente.

La información aquí contenida se ofrece únicamente con fines informativos, como tal, es universal. La presentación de la información se realiza sin contrato y sin ningún tipo de garantía.

La autora no es una profesional con licencia, ni médico ni profesional médico, y no ofrece tratamientos médicos, diagnósticos, sugerencias ni asesoramiento. La información presentada en este documento no ha sido evaluada por la Administración de Drogas y Alimentos de los EE. UU. (FDA, por sus siglas en inglés), y no tiene la intención de diagnosticar, tratar, curar o prevenir ninguna enfermedad. Se debe obtener la autorización médica completa por parte de médico con licencia, antes de comenzar o modificar cualquier programa de dieta, ejercicio o estilo de vida, y se debe informar a los médicos de todos los cambios nutricionales.

La autora no asume ninguna responsabilidad ante ninguna persona o entidad por cualquier responsabilidad, pérdida o daño causado o presuntamente causado directa o indirectamente como resultado del uso, aplicación o interpretación de la información presentada en este documento.

www.ingramcontent.com/pod-product-compliance
Lightning Source LLC
Chambersburg PA
CBHW042036100526
44587CB00030B/4452